HENRY COCHIN

PETITE

CHRONIQUE VALENCIENNOISE

(1540-1544)

ÉCRITE PAR JENNET DENIS

SUR LES GARDES D'UN VOLUME DE LA

BIBLIOTHÈQUE DE LA CHAMBRE DES DÉPUTÉS

PARIS (2ᵉ)

LIBRAIRIE ÉMILE BOUILLON, ÉDITEUR

67, RUE DE RICHELIEU, AU PREMIER

1905

Extrait de la REVUE DES BIBLIOTHÈQUES

Août-septembre 1903.

PETITE

CHRONIQUE VALENCIENNOISE

(1540-1544)

ÉCRITE PAR JENNET DENIS

SUR LES GARDES D'UN VOLUME DE LA

BIBLIOTHÈQUE DE LA CHAMBRE DES DÉPUTÉS

Extrait de la Revue des Bibliothèques

Août-septembre 1905.

HENRY COCHIN

PETITE

CHRONIQUE VALENCIENNOISE

(1540-1544)

ÉCRITE PAR JENNET DENIS

SUR LES GARDES D'UN VOLUME DE LA

BIBLIOTHÈQUE DE LA CHAMBRE DES DÉPUTÉS

PARIS (2*)

LIBRAIRIE ÉMILE BOUILLON, ÉDITEUR

67, RUE DE RICHELIEU, AU PREMIER

1905

PETITE CHRONIQUE VALENCIENNOISE (1540-1544)

ÉCRITE PAR JENNET DENIS

SUR LES GARDES D'UN VOLUME

DE LA BIBLIOTHÈQUE DE LA CHAMBRE DES DÉPUTÉS

Profitant, au jour le jour, de courts instants de loisir pour rechercher, dans la Bibliothèque de la Chambre des Députés, les livres du quinzième et du seizième siècle, il m'est arrivé récemment de mettre la main sur un petit volume qui m'a paru digne de retenir l'attention. C'est un exemplaire de la *Grant Somme Rural* de Jehan Boutillier; ce curieux manuel de droit et de jurisprudence courante fut d'un usage constant, comme on sait, jusqu'au milieu du seizième siècle. Son auteur, né à Mortagne[1], près de Valenciennes, dans le Haynaut, fut conseiller au Parlement de Paris, et il fit à Paris, le 16 septembre 1402, un testament que l'on peut lire à la fin de diverses éditions de la *Grant Somme Rural*.

L'exemplaire que j'ai rencontré fut imprimé à Paris par Denis Janot, en 1537. Il n'appartient donc pas aux plus rares et anciennes éditions de ce livre si souvent réimprimé. Il est pourtant intéressant et non tout à fait commun. Les éditions de Denis Janot[2] sont toujours assez précieuses, et les bibliophiles l'apprécient dès longtemps; il est l'imprimeur de Coquillart, d'anciennes traductions françaises de Pétrarque et de Boccace, et de nombre d'autres livres rares et curieux. On sait que M. H. Omont a retrouvé et publié, en 1898, un curieux catalogue des livres français publiés par Denis Janot. Il est

---

1. Mortagne-du-Nord, canton de St-Amand (rive droite), arr. de Valenciennes (Nord).

2. H. OMONT, *Catalogue des Éditions françaises de Denis Janot, libraire Parisien (1529-1545)*. Dans les *Mémoires de la Société de l'Histoire de Paris* (tome XXV, 1898).

à remarquer que notre édition de la *Grant Somme Rural* ne figure pas dans ce catalogue, quoique sa date lui eût rendu possible d'y figurer. Elle figure dans Brunet, car il est impossible de ne pas la reconnaître dans la description ci-dessous, encore que l'exemplaire décrit par Brunet portât la date de 1538, au lieu de 1537, et possédât un feuillet blanc de moins que n'en possède notre exemplaire, entre la première et la seconde partie.

La GRANT SOMME RURAL,.... ou sont contenues deux parties..... Compilee par Maistre Jehan Boutillier..... laquelle doñe la vraye intelligēce de la noble practicque alleguāt le droit civil et les Loix. Cosēquēmēt plusieurs coustumes de plusieurs villes et pays...... MCCCCXXXVIII. *On les vend à Paris en la rue neufve Nostre Dame a l'enseigne de Sainct Jehan Baptiste..... par Denis Janot imprimeur et libraire* [1].

Les marques typographiques sont fort belles, et remarquable aussi, sur le frontispice de la seconde partie, une xylographie représentant Jehan Boutillier qui offre son livre au Roi de France. Notre exemplaire est dans un état passable, quoiqu'un peu court de marges, et déchiré au bas d'un feuillet. Il n'a pas malheureusement gardé la reliure qu'il avait reçue, comme nous verrons, en 1539, à Valenciennes, des mains du fils d'un certain Jehan Muchet. Il est actuellement revêtu d'une reliure fort banale du dix-huitième siècle, en basane brune. Il est coté au Catalogue de la Bibliothèque de la Chambre des Députés B[E] 57.

Ce que j'en dis d'ailleurs n'est que pour le désigner suffisamment, la valeur bibliographique n'étant pas ce qui a attiré mon attention.

Nous ne pouvons rien savoir de son origine. Le fonds principal de notre Bibliothèque provient d'un large prélèvement fait au hasard, à la fin du dix-huitième siècle, pour former une bibliothèque au Conseil des Cinq-Cents, sur une masse de livres divers, provenant d'établissements ecclésiastiques ou publics supprimés.

Nous apprenons, par une inscription manuscrite, le nom d'un possesseur du xvii° siècle. Elle figure sur l'avant-dernier feuillet du volume où se trouve la marque du libraire. Sur le corps même de deux animaux symboliques qui servent de support au monogramme

---

1. Brunet cite la première édition (chez Colard Mansion, Bruges, 1479) et un grand nombre d'autres. Le livre avait été traduit en anglois (1484) et en flamand à la fin du xv° siècle.

de Denis Janot, on lit : JACQUES DE — LUSSIGNIES. Et plus bas, au dessous de la gravure :

> *Je suis à Jacques de Lussignies*
> *Advocat à Vallenchiennes. 1620,*

et enfin cette devise : *Tant qu'il suffit.* de Lussignies.

Donc, en 1620, le livre était à Valenciennes et entre les mains d'un avocat appartenant à une famille dont le nom se rencontre assez souvent dans les historiens valenciennois.

Mais un habitant de Valenciennes aussi possédait le livre, on va le voir, près d'un siècle plus tôt. Lorsque Jacques de Lussignies inscrivit son nom sur le ventre des animaux héraldiques, il ne faisait que suivre l'exemple d'un précédent possesseur qui avait, au seizième siècle, inscrit le sien sur l'écusson qui porte le monogramme de Denis Janot. Et peut-être ce possesseur lui-même avait-il pris plaisir à inscrire son nom, parce que ce nom, par hasard, ressemblait de façon assez frappante au nom du libraire parisien. En effet, on lit : JENNET DENIS.

C'est là le nom du Valenciennois qui va maintenant nous occuper. En effet, plusieurs inscriptions manuscrites dont il est l'auteur se lisent sur les feuillets blancs qui se trouvent intercalés entre les deux parties de la *Grant Somme Rural* (fol. 196 verso et feuillet blanc qui suit). Au milieu du recto de ce dit feuillet blanc, on lit :

> Ce present Livre fu par moy acheté
> en la ville de Mons huit patars et
> fut lié en Valen[ciennes] par le fils Jehan Muchet
> pour cincq gros selées[1] le tout
> en l'an XVᶜ XXXIX.

Au bas de la page, on lit, avec un grand luxe de paraphes, la signature J. DENIS, puis ces mots que le couteau du relieur a tronqués : *finnis corona[t]*.

Il paraît assuré, par les caractères graphiques, que Jennet Denis, qui acquit le livre à Mons en 1539, est bien l'auteur de toutes les inscriptions manuscrites qui se rencontrent dans le volume, à l'exception de l'*ex libris* de Jacques de Lussignies. Avant d'en venir aux lignes qui encadrent la date d'acquisition et la signature,

---

1. Je ne connais pas le sens de ce mot, dont la lecture n'est pas douteuse.

je remarque. dans le texte même du livre, trois notes marginales, qui nous donneront sur notre homme le seul renseignement que nous puissions avoir. Elles se trouvent, toutes les trois, au titre que Jehan Boutillier désigne ainsi : « Sensuyt la différence de meubles cateulx et heritages. » Au fol. CXXXI, au dessous de l'article intitulé : « Coustume de Haynault », notre homme a écrit : « Quant a cest article cy dessus il est moderé par le derrain article des meubles. » — Au verso du même feuillet, à l'article : « Moulins à yent », il a écrit en marge : « Moderé par la moderation de Haynault. » — Au feuillet suivant (CXXXII), après l'article : « Des Bestialz et volailles », il a noté de nouveau : « Il est aussy par les moderations de Haynault. »

On conclura sans doute que nous avons affaire à un jurisconsulte hennuyer, attaché, comme de raison, à appliquer la coutume de sa province.

Mais il nous faut venir aux 62 lignes que j'ai signalées, sur les feuillets blancs qui séparent les deux parties de la *Grant Somme Rural*. Car elles forment tout l'intérêt de ma petite trouvaille. Il apparaît, dès l'abord, que nous avons sous les yeux un court journal d'un habitant de Valenciennes, relatant les événements notables dont il a été témoin, tels que faits de guerre, traités de paix, entrées et départs de grands personnages, fêtes, cérémonies et accidents divers.

De pareils documents sont toujours dignes d'attention, même lorsqu'ils ne nous révèlent aucun fait inconnu. Ils apportent toujours à l'histoire la confirmation et la précision d'un témoignage direct et personnel. Et dans le cas présent, il semble même que l'humble journal de Jennet Denis donne quelques détails nouveaux. Ces raisons suffisent pour que j'aie cru devoir publier les quelques lignes retrouvées sur l'exemplaire de la Chambre des Députés.

Les événements d'ailleurs, dont le contrecoup a frappé l'obscur bourgeois de Valenciennes, sont parmi les plus importants du seizième siècle. Assurément les habitants de la vieille cité étaient accoutumés depuis des siècles à voir passer des souverains, et à les voir même séjourner dans ce vieux château dit la Sallé-le-Comte, qu'avait construit, au douzième siècle, le comte Baudouin l'Édifieur. Mais jamais sans doute, de mémoire de Valenciennois, on n'avait vu, dans Valenciennes ou alentour, passer et repasser, entrer et sortir autant de souverains, de seigneurs, de prélats, de cardinaux, qu'en les cinq années 1540-1544. Et il n'est pas très extraordinaire qu'un bourgeois de la ville ait voulu en garder le souvenir.

Ce sont les dernières phases de la lutte entre François Ier et Charles-Quint, les dernières alternances de paix et de guerre. On commence à la paix et aux fêtes, aux cortèges qui célèbrent cette paix, lorsque l'Empereur arrive, escorté de princes français, ayant traversé toute la France ravie, sur la galante permission de son loyal rival, pour aller à Gand châtier des sujets rebelles. Puis c'est la dernière guerre entre les deux grands adversaires, la rapide et redoutable campagne qui aboutit au traité de Crespy en Laonnais, le passage des princes et des seigneurs avant et pendant la campagne, le passage des otages après la paix signée.

On se reportera au récit de ces événements fameux dans les chroniqueurs français [1], et surtout dans les historiens spéciaux de la ville de Valenciennes [2]. On jugera alors, je crois, que quelques-uns des traits notés par Jennet Denis sont nouveaux et inédits.

Je publie sa courte chronique telle qu'elle est et en respectant son orthographe variable. Je la donne dans l'ordre chronologique, qu'elle suit en réalité, malgré une apparence contraire. On reconnaît aisément, en effet, que l'auteur commença tout naturellement à écrire sur la feuille blanche, sous son inscription d'acquisition, et jusqu'à ce qu'il rencontrât sa propre signature au bas de la page. Alors il tourna la page et continua au verso. Ce verso étant terminé, le chroniqueur n'avait plus de place. Il en trouva en remontant au verso du feuillet précédent qui est le CXCVI et dernier de la première partie de la *Grant Somme Rural*, (ce feuillet, à son recto, porte la marque de libraire). Puis, cette page étant de nouveau épuisée, il utilisa pour ses deux dernières lignes le haut, resté blanc, de la page occupée déjà par son inscription d'acquisition et le commencement de sa chronique.

Henry COCHIN.

1. Notamment les *Mémoires* de Martin Du Bellay (Londres et Paris, 1786, tome V).

2. Notamment Henri d'OUTREMAN, *Histoire de la Ville et Comté de Valenciennes*, (Douai, 1639, in-4°) ; — LE BOUCQ, *Histoire ecclésiastique de la ville et comté de Valenciennes* (Valenciennes, 1844, in-4°).

CHRONIQUE DE JENNET DENIS

1540. L'Empereur notre sire, monseigneur le Daulphin [1], le ducq d'Orleans [2], Conestable [3], et pluiseurs seigneurs de France et Bourgongne firent leur entrée en la ville de Valen[ciennes] le xxi° jour du mois de janvier XV^eXXXIX [4] qui estoit le mer-quedy. Le dauphin et son frère partirent le samedy. L'Empe-reur les convoya, et partit sa Majesté le Lundy enssuyvant.

Le premier dimanche des adve[n]s, xxviii° jour de novem-bre, anno XV^eXL, entre quatre et cincq heures a l'aprédis-ner, l'Empereur notre sire, venant du pays d'Arthois, ariva en ceste ville, et sy avoit ce dit jour disné à Bouchain [5], aussy la Royne de Hongrie [6], adcompaignee du ducq de Sçavoy [7], et tous les nobles de par decha, sauve le prince d'Orenge [8].

Le lundy xxix° dudit mois et nuict [9] sainct Andrieu, sa Majesté et tous ceulx du thoison [10] allirent en belle orde, tous

---

1. Henri, dauphin de France (depuis 1536), le futur Henri II, second fils de Fran-çois Ier et de Claude de France, né en 1519, mort en 1559.

2. Charles, duc d'Orléans, troisième fils de François Ier, né en 1522, mort en 1545.

3. C'est le connétable Anne de Montmorency, né en 1493, mort en 1567. Il avait reçu le titre de connétable de France, le 10 février 1538.

4. 1540 (nouv. style).

5. Chef-lieu de canton, arr. de Valenciennes (Nord).

6. Marie d'Autriche, reine douairière de Hongrie, sœur de Charles-Quint, qui la nomma en 1531 gouvernante des Pays-Bas. Née en 1501, elle mourut en 1558. Elle avait épousé en 1521 Louis II de Hongrie, dont elle devint veuve en 1531.

7. Charles III, duc de Savoie, marié à Béatrix de Portugal, né en 1486, mort en 1553.

8. René de Nassau, premier prince d'Orange de la maison de Nassau (après la mort de son beau-frère Philibert, le dernier représentant de la maison de Châlon, tué à Flo-rence en 1530, dont il avait relevé le nom et les armes). En mourant, en 1544, au siège de Saint-Dizier (voir plus loin), il institua comme héritier son cousin, le fameux Guillaume de Nassau.

9. Cette expression nuict pour vigile, que l'on rencontrera encore une fois dans notre texte (nuict sainct Lucq), semble familière au parler valenciennois. On la rencontre déjà au xive siècle. Cf. Récits d'un Bourgeois de Valenciennes, édition Kervyn de Lettenhove (Louvain, 1877), p. 237.

10. L'ordre de la Toison d'Or, institué en 1429 à Bruges.

portans la thoison, et les hiraulx avecq leurs robes[1], et y
avoit trois gentilz hommes quilz portoient trois maches. Et
en tel orde allerent au vespres a St Pol[2]. Et le lendemain sa
Majesté debvoit aller a la messe audit Saint Pol, mais sa
Majesté devint maldisposée, par quoy ne sorty la Salle[3]
jusques au samedy xviiie de decembre, ou dit XL.

Le merquedy xvi[e][4] de decembre, durant que l'Empereur
estoit en cest ville, le feu fu en le cheminée de le halle.

Le jour saint Barbe[5], y eust aussy, a le clef[6], du feu.

Le vendredy iiie dudit mois[7], monsieur de Boussut[8] fut en
la cheere doree come prevost le compte pour mettre provision
sur les vivres.

Le viie dudit mois, ou dit an, monsieur de Bevre[9] trespassa.

1543. En l'an XV^cXLIII, le jeudy xve du mois de novembre l'Empereur ariva en Valen[ciennes], après qu'il eult mis le pays
du Julers, Cleve et Ghieldres en son obbeissance, en l'espasse
de xiiie jours.

Et venoit ce jour de Cambray, aiant disné à Bouchain, sy
entera par le porte d'Anzain.

Et le mardy enssuyvant, xxe dudit mois, il parti pour aller
à Bruxelles. Et le merquedy xx[e][10] partit le ducq de Loraine[11],

---

1. On peut voir, dans Outreman, quelle importance les Valenciennois attachaient à
l'institution des hérauts de la ville, dont une robe spéciale était l'insigne.

2. Saint-Paul était le nom communément donné à l'église des Dominicains à Valenciennes. (Cf. Le Boucq, *loc. cit.*, p. 85).

3. Il s'agit du palais dit *la Salle le Comte*, dont parlent si souvent et avec tant de
détail les auteurs valenciennois (cf. notamment Le Boucq, p. 42 et 273).

4. Il faut lire : xve.

5. 4 décembre.

6. Le mot *clef* est bien lisible. Je ne sais quel lieu ou quel édifice est ainsi désigné.

7. 3 décembre. On remarquera que, relatant les petits événements valenciennois qui
l'ont frappé pendant la durée du séjour de Charles-Quint (au cours du mois de décembre
1540), notre chroniqueur ne suit point exactement l'ordre des dates : 18, 15, 4, 3, 7.

8. Philippe de Henin, comte de Boussu. Outreman donne plusieurs particularités sur
la façon dont il exerça les fonctions de *prévôt le Comte*, c'est-à-dire de fonctionnaire
impérial. Mais je ne trouve aucune mention de cette « cheere dorée », du haut de laquelle
il semble que le prévôt le Comte eût coutume de prononcer ses décisions.

9. Je ne sais qui est ce personnage, dont le nom d'ailleurs n'est pas rare, sous diverses formes, dans les régions flamandes.

10. Il faut lire évidemment xxie.

11. Antoine, duc de Lorraine, dit *le Bon*, né à Bar-le-Duc le 4 juin 1489, mort égale-
ment à Bar-le-Duc peu de temps après les circonstances ici rapportées, le 14 juin 1544.

et Barre¹ qui esfoient logies l'ung Pottelles, l'autre Desma-
sieres².

Le dimanche III° de novembre, de nuict le Roy Franchois
se partit du Chastel en Cambresis³.

1544. Le xxv° de septembre, le ducq de Ghuise⁴ avecq les cardinal
Tourno[n]⁵, Me[u]don⁶, Loraine⁷ et ung aultre joune nommé
Laval⁸ entrere en ceste ville.

Et le samedy xxvii° de septembre 1544, la paix entre l'Empereur et le Roy fu pub[l]yée⁹. Et arriva l'Empereur cedit
jour en Valen[ciennes] revenant de France par la valée de
Soixon¹⁰ avec les dessu[s] dits. Et le duc d'Orliens¹¹ ne fu que

---

1. François de Lorraine, fils aîné du précédent, né en 1517, succéda à son père en 1544 et mourut en 1545. Il avait pris le titre de duc de Bar, à l'occasion de son mariage avec Christine de Danemark, nièce de Charles-Quint, célébré à Bruxelles le 10 juillet 1541. — Cf. Dom CALMET, *Histoire de Lorraine*, tome II, col. 1193-1194.

2. J'ignore quels sont les personnages chez qui avaient pris logement le duc de Lorraine et le du cde Bar. Le nom de Desmasières ou Desmaizières est fréquent à rencontrer. Un personnage de ce nom était prévôt de la ville en 1527. Il y a dans la région une localité nommée Potelle (canton Le Quesnoy-Est, arr. d'Avesnes-Nord), située à quarante kilomètres environ de Valenciennes ; c'était une ancienne seigneurie, appartenant, à l'époque qui nous occupe, à la célèbre famille des Carondelet.

3. Le Cateau, chef-lieu de canton, arr. de Cambrai (Nord).

4. Claude de Lorraine, premier duc de Guise, époux d'Antoinette de Bourbon, né en 1496, mort en 1550.

5. François de Tournom, archevêque d'Embrun, élevé au cardinalat le 19 mars 1530. Il avait célébré le mariage de François I⁰ʳ avec Eléonor, sœur de Charles-Quint. Né en 1489, il mourut en 1562.

6. [Antoine Sanguin, fils d'Antoine de Meudon, grand-maître des eaux et forêts, évêque d'Orléans et cardinal, mort en 1559.

7. Jean de Lorraine, fils du roi René et de Philippe de Gueldres, né à Bar-le-Duc le 9 avril 1498, frère de Claude, premier duc de Guise, dont il est question plus haut. Pourvu d'innombrables évêchés et abbayes, il fut élevé au cardinalat en 1518 et mourut en 1550.

8. Il s'agit de François de Coligny, comte de Laval, plus tard colonel général de l'infanterie.

9. Traité de Crespy en Laonnois, conclu le 18 septembre 1544, et publié à Valenciennes le 27 septembre suivant (cf. Outreman).

10. Soissons, chef-lieu d'arr. du dép¹ de l'Aisne. C'est le point extrême qu'avait atteint l'armée de Charles-Quint.

11. Après le traité de Crespy, le duc d'Orléans était parti avec Charles-Quint en qualité d'otage, ainsi que les seigneurs et prélats nommés plus haut, et que notre chroniqueur désigne, dans la présente phrase, par les mots « les dessus dits ».

jusques a Cambrai. Et partit l'Empereur le jour St Michel[1].

La Royne de France[2] fist son entrée le vendredy nuict St Lucq[3] et partit le lendemain.

Le prince d'Orenge fu thiré d'un trait devant St Dizier[4] l'an XLIIII.

---

1. 29 septembre 1544.

2. Éléonor d'Autriche, sœur aînée de Charles-Quint, née en 1498, épousa en 1519 Emmanuel, roi de Portugal ; veuve en 1521, elle épousa en secondes noces François Ier, en 1530 ; elle mourut le 18 février 1558.

3. Vendredi 17 octobre 1544 (Vigile de saint Luc).

4. Saint-Dizier, chef-lieu de canton, arr. de Vassy (Haute-Marne) ; le siège de cette petite place fut poursuivi par Charles-Quint du 8 juillet au 10 août 1544. Sur le prince d'Orange, qui fut tué à ce siège, voir ci-dessus, note 8.

RENNES, FR. SIMON, SUCCESSEUR DE A. LE ROY

IMPRIMEUR BREVETÉ